외딴집

마이노리티시선 36

외딴집

지은이 임미란
펴낸이 조정환
책임운영 신은주
편집부 오정민·김정언

펴낸곳 도서출판 갈무리 등록일 1994. 3. 3. 등록번호 제17-0161호
인쇄 2013년 1월 11일 발행 2013년 1월 22일
종이 화인페이퍼 인쇄 중앙피앤엘 제본 일진제책

주소 서울 마포구 서교동 375-13호 성지빌딩 101호
전화 02-325-1485 팩스 02-325-1407
website http://galmuri.co.kr e-mail galmuri@galmuri.co.kr

ISBN 978-89-6195-062-6 04810 / 978-89-86114-26-3 (세트)

값 7,000원

이 도서의 국립중앙도서관 출판시도서목록(CIP)은 e-CIP홈페이지(http://www.nl.go.kr/ecip)와 국가자료공동목록시스템(http://www.nl.go.kr/kolisnet)에서 이용하실 수 있습니다.(CIP제어번호: CIP2013000179)

외딴집

임미란 시집

갈무리

차례

1부

011 이른 시간
012 초봄
013 적막한 산 속에선
014 부자로 사는 법
015 소나기
016 가을은
017 겨울 남천강
018 아버지와 갈치
020 보리타작 마당
022 봄비
023 김장 배추
024 도둑의 눈
026 산사
027 외딴집
028 농사꾼이란
029 봄

2부

이끌림 033
감꽃 034
이화농원 036
어떤 표지석 038
공식 040
큰언니 041
집으로 오는 길 042
단잠 043
봄이 올 때까지 044
운정댁 046
푸짐한 것은 048
노인 049
솔아 푸른 솔아 050
10월의 풍경 051
비밀투표 052
배꽃 053
손님맞이 054

3부

057 비 오는 날
058 간고등어
060 사월 초파일
061 고것
062 상추쌈
063 치매
064 살래천
066 어미
068 시집살이
069 행복
070 늙은 연애
072 길
073 통증
074 해탈
075 남지 유채 축제
078 긴 하루

4부

우주야 우주야 081
부부 싸움 082
비 갠 저녁나절 083
아침이 오는 소리 084
검둥이 086
나를 반기는 것들 087
단오 무렵 088
사람 좋은 종태 090
산비둘기 092
생각 또 생각 093
이때쯤이면 094
어쩌다 쉬는 날 096
매미 소리 097
노인 무료 급식소 098
풀벌레 우는 밤 100
가로등과 달과 오솔길 101

발문 · 배꽃으로 피워 올린 시정(詩情) / 이응인 102

1부

이른 시간

초봄

적막한 산 속에선

부자로 사는 법

소나기

가을은

겨울 남천강

아버지와 갈치

보리타작 마당

봄비

김장 배추

도둑의 눈

산사

외딴집

농사꾼이란

봄

이른 시간

누가 깨어
가을이 살살 깃드는 소리와
겹겹이 옻칠 같은 어둠 속
산사 떨리는 종소리와
우주의 고귀한 생명들
살아 숨 쉬는 소리
하나로 듣고 있을까

초봄

산그늘 지면 어둑살이 몰려와
때 이른 춘풍만 사나워라

붉은 진달래 어설피 피어나
저 혼자 수줍은데

건너다보이는 외딴집
아랫목 데우는 연기 자욱하다.

적막한 산 속에선

별들이
잠깐 놀러 나갔는지
깜깜한 하늘 아래
소쩍새는
꿈속까지 따라와
나를 깨우고
꽁무니 환한
개똥벌레
숲속을 뒤진다
누구라도 친구라며.

부자로 사는 법

무를 다듬어 땅에 묻어 놓고
시래기 엮어
벽에다 대롱대롱 달았더니
온 겨울 내 마음
복권에 당첨된 듯 부자로 살았다

시래기 한줄 푹 삶아
된장에 조물조물 무쳐
멸치 집어넣고 끓이는 찌개
벌써 회가 동하는지
강아지 마당에서 껑충 뛰고
나는 현관문으로 마구 몰려온
어둠까지 반가워

빈손으로 차려 논
풍성한 식탁 곁으로
군대 간 아들도
학교 간 딸아이도
따뜻이 불러 모은다

소나기

예고도 없이
후두두 빗줄기
튀어 오르며
흙내가 이는 난타.

번쩍이는 조명 아래
우르릉 사물놀이
나뭇잎들 깨춤을 춘다.

땀에 흥건한 우주

다들 어디서 왔다
어디로 가나.
건너편 하늘
쌍무지개 혼자 선명하다.

가을은

종남산 능선 넘어와
푸릇한 도토리
어루만지던
그 바람 따라 왔구나.

가늠할 수 없는 하늘에
악동 같은 고추잠자리
불 지르고 달아나면

하얀 망초꽃 무더기 아래
강아지풀이
줏대 없이 흔들렸다.

그 풀잎 흔드는
바람 따라 왔구나.
물살이 은어 떼를 몰듯이
그렇게 왔구나.

겨울 남천강

진눈개비 내려
코끝이 매워 오더니
남천강이 얼었다.

따순 햇살 번지던 날은
한 가닥 바람에도
은어 비늘 잔물결 살아서
망막이 아리도록 반짝이더니
이제 강물은 표정이 사라졌다.

제방 잔디 위를 구르던 아이들
살얼음 위로 돌을 던지다가
기어코 발을 올려보는데

저런, 저런
표정 없는 남천강
속내 몰라 애태운다.

아버지와 갈치

오일마다 서는 시골 장날
울 어머니 큰 맘 먹고
짠 갈치 몇 마리 사오셨다.

칠남매 숟갈 북적이는 밥상 위
짭쪼롬한 갈치 서너 토막
호박잎, 된장 뚝배기
다디단 맛도 뒤로 하고
갈치에 흠집을 내는데
머리 쪽만 드시던 아버지
"생선은 대가리가 제일 맛난기라"
정말인 줄 알았다.

오늘 내 아이의 밥숟갈 위로
살을 발라 주며
다시 먹어봐도
몸통 살이 맛있는데
생선 머리 쪽만 드셨던 아버지

다시는 뵈올 수 없음에
왈칵 솟구치는 눈물
속으로 삼켰다.

보리타작 마당

논흙을 뒤집어 밟으며
보리타작마당을 만들 때
맨발에 밟히는
기분 좋은 흙의 촉감에도
염치없이 잠만 쏟아졌다.

툭툭 도리깨질에 낱알이
검정 고무신 안에서 뒹굴면
날 부르시는 엄니
홍역 같은 막걸리 심부름

타박타박 먼지 이는 논둑길
무거워오는 양은 주전자
한 모금 한 모금
목 빼고 기다리실
아버지도 잊어버렸다.

예닐곱의 그날
청자빛 하늘과

까슬까슬 보리 대깽이
후끈한 황금빛 들녘이
빙빙 돌고 있었다.

봄비

비 온다는 소리에
빨래 걷으러 나갔더니

먼 산, 가까운 산
구분 없네.

더 묵직해진
산사 저녁 종소리

매화 잔가지 끝
어리는 눈물

나도 빨래도
젖는 줄 몰랐네.

김장 배추

배추 한 포기 삼백 원에 사서
며칠 뒤 삼천 원에 되판 상인이
몇 억을 그저 벌었을 때

밭 주인
비어버린 고랑에 서서
씨앗 값 제하고
파종할 때 빌려 쓴
영농 자금 갚고
곰곰 셈을 하는데

제 이웃 일손들
품삯 값이나 건졌을까
갸웃거리는
검게 탄 목덜미
햇살 둘둘 감기는 오후

도둑의 눈

검둥이, 누렁이가
환장하듯 짖어대니
저 지겨운 놈이 또 왔나보다.

자다 일어나 냉큼
손전등부터 집어 드는데
솜이불처럼 무겁게 내려앉은
어둠 속
그 무엇인가가 나는 두렵다.

가지가 부러지고
북북 배 봉지가 찢겨진다.
제 몸 다 내어주며
수난을 당하고 있는
어리석은 조생종 배나무
저 살가운 것

달도 자는 이런 밤이면
주린 배 안고 인간 세계로 내려와

겁 없이 공생하자 외쳐대는
새끼 여럿 거느린
어미 멧돼지가 분명하지만

기척이 있으면 연락하라는
포수의 전화번호를 만지작거리며
어둠 속 들앉았을
시퍼런 도둑의 눈을 건너다 본다.

산사

자칭 땡땡이중이라는
내원암 주지 스님

산사를 둘러싼 이 산 저 산이
자신의 정원이라
산속 짐승들이 친구라는데

우리더러는 무거운 거
벗어라
비워라
내려놔라 이르지만

시시콜콜 산속 참견
장삼자락만 무겁다.

외딴집

나무들이 윙윙 소리를 내기에
아무도 오지 않을 성 싶지만
키대로 자라 마른 풀 사이로
지난여름 새끼였을
노루가 슬쩍 놀다 가면
장작 연기 매캐한
난로 앞에 앉아 더 매서운
산속 바람 소릴 듣는다.

사나흘 꼬박 앓고 보니
사는 것이 만만치 않아
꼭꼭 채비 해 두었던
속이 더 붉은
늙은 호박 한 덩이 안고 와
무얼 해먹을까 궁리를 하는데

검둥이도 숨어버린 마당엔
눈발 섞인 바람만 법석이니
결국 우체부도 쉬는가 보다.

농사꾼이란

딸 시집보내듯
피땀으로 키워 출하시킨 농산물
과잉생산 운운하며
가격이 폭락해도 나는
찬물 한 잔에 가슴 달래는
미련한 농사꾼이다

이래서는 밥술이나 먹겠냐며
과수원 나무보다 더 많은
별보다 더 많은
사람 속에 묻혀 살자 하다가도

신나게 꽃 피고
신나게 열매 맺으면
올 한 해 또 세월에 속아
소매 걷어 올리는
어쩔 수 없는 농사꾼이다

봄

네가 온다면
종남산 밑 남쪽으로 뚫린 길
바람 따라 미친 듯
네가 온다면
밥물 끓을 동안만이라도
여유를 다오

이 저녁
식탁에 둘러앉을
눈빛 정겨운 이들을 위하여
바삐 나물을 무쳐내고
밥물을 잦히며
내 오랜 기다림에
종지부를 찍고 싶으니

2부

이끌림

감꽃

이화농원

어떤 표지석

공식

큰언니

집으로 오는 길

단잠

봄이 올 때까지

운정댁

푸짐한 것은

노인

솔아 푸른 솔아

10월의 풍경

비밀투표

배꽃

손님맞이

이끌림

추적추적 가을비에
날개 젖은 불나방
온기로 채워진
운명 같은 불빛을 껴안고
추녀 끝에 긴 밤을 난다.

불빛 따라 떠돌다
가슴이 타고
날개가 찢겨져
이튿날
남의 집 화장대 위에
떠억 주검으로 누워도 좋다

남은 생과 맞바꾸어도
단 한번
그렇게 이끌릴 수 있다면.

감꽃

감나무 무성하던
나 자랐던 집터에
누가 약국을 차렸다.

몸살 기운에 잠깐 들러
저기가 마당쯤인가 하고
약제실 저 안쪽을 들여다보니
대청마루 벽에 걸렸던
사진틀 속의 식구들이
반들거리는 마루 끝에 다정하다

붉게 핀 화분의 꽃들 사이로
머리 허연 약사가 나와
약과 돈을 맞바꾸며
기웃거리는 나를 이상히 보기에
황급히 기억을 접어
약국 문을 미는데
건넛집 감나무는 그때처럼

앙증맞은 꽃
툭 떨군다.

이화농원

제초제 한 번 살포에
오 년 동안 땅이 죽는다며
남편은 매일 힘들게 풀을 베며
친환경 농사를 고집하지만
남들은 게으르다 손가락질이다.

잡초만 수북하니
메뚜기 떼거리로 몰려다니고
어둠 속 반딧불이도
제 세상인 듯 떠다니는데

개밥을 주거나
잘 여문 밤을 줍거나
한참 배를 수확할 때
노루며 꿩, 토끼 같은 작자들
때때로 마주쳐도
웃자란 풀 속으로
슬쩍 엎드리면 그만이니

게으른 사람들이라
만사에 눈감아 줬더니
풀이며 짐승과
하찮은 미물들까지
지들이 주인인 줄 안다.

어떤 표지석

마을버스도 끊긴 한적한 길
신당마을 표지석
땡볕에 종일 외롭습니다.

봄도 먼저 들던
종남산 아래 첫 동네
산짐승도 서로 정답더니
진달래 더욱 붉어지던 즈음
30여 만 평 드넓은
사포공단 부지 조성에
돌아오지 못할 고향과
두둑한 보상비를
맞바꾸고 다들 떠난 자리

끝내 타협 못해 홧김에 방목시킨
동주아재네 돼지 백여 마리
갈보년처럼 엉덩이 흔들며
아수라장 된 집터 뒤지는데

신당마을 잡아먹은 굴삭기
뿌연 먼지 일으키며
저만치 다가오고
떠나야 하는 표지석
애꿎은 바람 탓만 합니다.

공식

치과에 가서 스케일링 받았다며
환히 웃는 그녀를 보니
하얀 이빨이
보석 같습니다.

풍치를 앓아
밥상머리 울상 짓던 남편도
하루에 몇 번씩
양치질을 시킨 아이들도
이빨을 너무 자주 닦아
닳아서 썩었다는
아버지의 지론에 반박했지만

여든다섯까지
누런 이빨이 더 건강하셨던
아버지를 생각하면
세상살이에는
정해진 공식이 없는가 봅니다.

큰언니

봉숭아 씨앗을 얻어다
이곳저곳 뿌려 놓고
까무룩 잊었는데

가뭄에 등이 타
잡초만 웃자라는 곳
수줍고 화사한
울 언니 몰래 오셨네.

담장 밑
붉은 꽃 둘러 피면
시집에서 돌아와
손톱마다
곱게 물들여주던

다홍치마 저고리 곱던
큰언니 보네.

집으로 오는 길

낮에 다니던 익숙한 길은
달빛 없어도 훤하다.
인적 드물지만 돌 틈
귀뚜라미 기차게 울어대고
풀은 풀대로 나무는 나무대로
아는 체를 하여
무덤가를 지나도 무섭지 않다.
반딧불이 둥둥 떠도는
소나무에 기대어
부러 등을 긁어보고
바쁜 듯 지나쳤던 오솔길
폭신한 어둠이 좋아
한참을 잘 놀았으니
길동무 반딧불이
상수리나무에게 주고
불빛 속으로 다시 걸어 나왔다.

단잠

연일 폭염 경보 내린 한낮
풀을 베던 남편이
웃통을 보이며
꿀맛 같은 잠에 빠졌다.

내쳐 달리는 시간의 태엽
뒤돌려 놓고
한 시름 툭툭 털어
이부자리에 부려 놓았는가
양 어깨 가벼워라.

고운 꿈 흩어질까
까치걸음으로 건너와
찜통 속 국수 삶는 날

봄이 올 때까지

기온이 급강하하여
된서리 내리던 날
검은 바탕에 붉은 점 네 개
붉은 바탕에 검은 점 일곱 개 선명한
무당벌레 두 마리
방안으로 마구 쳐들어왔다.

손톱보다 작은 것
콩알 같은 날개 펼쳐
종횡무진 공간을
다 차지하고도
이불 속까지 기어든다.

획 내던지고 싶지만
보금자리 잃고
차가운 거리로 내몰리던
그 시절 나 같아서
넓지 않은 곳
봄이 올 때까지

자리다툼한다.

운정댁

칠순이 무슨 나이라고
운정댁은 복도 많지
검버섯 핀 팔순 노친네
움트는 감나무 밑에서
부러워 입술을 이죽거리는데

젊어 고왔던 한 때
귀밑머리 풀어 정답던 지아비
여직 두 집 살림인가
공연히 가슴만 끓어

오남매 병풍처럼 둘러 세우고
복 많은 운정댁
한 세월을 어깨에 실어
덩실덩실 춤을 춘다.

흥이 도는 잔치 마당
열어젖힌 대문으로
실없이 넘나드는 봄바람아

훤칠한 아들 등에 업혀도
퀭한 눈 그렁하다.

푸짐한 것은

잇몸이 부어오른
남정네 앞에서 아낙은
푸성귀 씹는 소리도 감추고

질긴 열무김치
설익은 감자조림
상 밑으로
하나 둘 내려놓는데

전화가 왔다
"밥은 제때 묵고 다니나?"
"제 걱정 마이소
잘 지냅니더."
객지로 떠난 아들아이다.

열무김치 감자조림인
아들 소식
마주 앉은 밥상
푸짐하다.

노인

폐지를 주우러 오신
언덕배기
허리 굽은
노송 한 그루

차려 놓은 밥상에
한 술 뜨자니
중풍으로 쇠하는
할멈 끼니 걱정
마다하시네.

한 끼 밥도 못될
신문 한 뭉치

열기로 달아오른
골목길
자전거 페달 소리

솔아 푸른 솔아

다블산 자락에 터를 잡고
우렁차고 푸른 너를 본다.

오늘 출출 진눈개비 내리고
옷을 벗고 동면에 든
상수리나무, 개옻나무들

변함없이 송진 눅눅한 가지
다람쥐 청설모 쉬어가고
넉넉히 산비둘기 품었구나.

모진 세상 덕이 없으니
외롭거나 쓸쓸할 때
몸 들지 않으면서
네 품속 내 눈길 깃들어
마음 함께 쉬어간다고
귀찮아 마라.

10월의 풍경

도로포장 공사로 한 동안
장바구니 친구 삼아
걸어 다닌 오솔길
칡넝쿨 널브러진 무덤가에 핀
앙증맞은 구절초
숨죽인 발자국 소리에도
새떼들 달아나지요.
호드락 바람에
도토리 떨어지는데
분주한 건 청설모뿐
슬슬 저물어도
저녁밥 앉힐 생각 잊고
알자리 찾는 배부른 사마귀의
느린 걸음 쫓아갑니다.
듬성한 소나무 사이로
걷노라니
자동차 안에선 몰랐을
10월이 보였습니다.

비밀투표

영농조합 여자 조합원이
35명인 동암 마을
대의원 한 명을 뽑는다고
저녁 한 술 뜨고는
마을 회관으로
호형호제 다 모였지요.
마지막 기회라는 육십 대
한창 일할 때라는 오십 대
젊음 앞세우는 사십 대까지
각 후보들 포부도 대단합니다.
마을 이장님이 용지를 나눠주시는
칸막이도 휘장도 없는 앉은 자리가
투표장입니다.
망설이던 경주댁 아주머니
가린 손등 너머
연필 끝자락
꼬물꼬물 3이라는 숫자

비밀이라 다들 못 본 척합니다.

배꽃

여자 중학교 앞 하교 시간
초경 막 끝낸
참새 떼 한 무리
우르르 달려가더니

호시절 고운 바람에
앞뜰 뒤뜰 어디라도
목덜미 하얀 계집애들
재재거리며 몰려와
젖가슴 부풀리고 있다

손님맞이

매실꽃 살구꽃 자두꽃
자글자글 차례로 피고 져
분 바른 듯 오늘
하얀 배꽃 차례입니다.

장끼가 짝을 부르고
수노루 실컷 우는
이런 낮이면

손님 오시게
묵혀둔 술독 열어
진달래 화양전이나
향 짙은 두릅전이라도
지질까요.

산골짜기
저 골짜기마다
신열 오르듯 혼곤한
봄 왔으니.

3부

비 오는 날
간고등어
사월 초파일
고것
상추쌈
치매
살래천
어미
시집살이
행복
늙은 연애
길
통증
해탈
남지 유채 축제
긴 하루

비 오는 날

빗방울 떨어지자
소주 한 잔에 매운 부침개 생각난다며
밭일 접어놓고 이웃 친구 찾아옵니다.
실한 자두 한 소쿠리 따다 놓고
휭 하니 매운 청양고추 따러 갔더니
지줏대를 못 세운 고추 모종
제각기 땅을 차지하고 누웠는데
이 빗속에 어쩌랴 돌아서니
갓 옮겨 심은 고구마 순
흙탕물 튕겨도 좋아라 우쭐거립니다.
이런 날은
부침개가 맵지 않으면 어떻습니까.

간고등어

북적이는 오일장
낯빛 검은 장돌뱅이 아저씨
간이 의자에 앉아
고무장갑 낀 손으로
한쪽 다리 주무르다
좌판 앞 내가 들어서자
잽싸게 일어서는데

어제는 어느 장을 돌았을까.
고단한 고등어 몇 마리가
왕소금 범벅이다.

찾는 사람도 뜸해
천막을 걷을 요량인지
절며 가는 신발 뒤축
한쪽만 닳아 있다.

허리에 두른
납작한 전대마저

짐이 될 것 같은
비린 하루가 간다.

사월 초파일

관음사 홍천 큰스님
천수경 한 구절 읊어대는데

엉덩이가 꽉 끼도록
비좁은 승합차에 실려서
우르르 신도들이 몰려간 후

독경 잠시 멈춘 사이
뻐꾸기 놈 반야심경으로
다블산 자락을
마구 들쑤셔 놓았다.

고것

간밤 드센 바람 소리
눈발인가 하였더니
햇살 아래 고것
봉긋한 산매화
입술이었네.

삐비죽죽 종달새
높이 날아
청보리밭 사이
떠도는 바람
몰고 오면

언덕 아래
실버들 끄트머리
저 여린 연둣빛 좀 보아
저 혼자 호들갑이네.

상추쌈

간밤 누렁이 독하게 짖었던 건
상추밭을 초토화시킨
밤손님 때문이다.

배 열매 솎음하는 사이사이
굳은 땅 일구어
꽃상추 쑥갓 씨앗 묻어
누군가 오실 시절만 기다렸는데

산 속 생활이 녹녹치 않은가
영역을 표시하러
새끼와 예까지 온 고라니 녀석

하지 무렵의 점심나절
상추 대신 머위 쌈과
된장 한 덩이
둘러앉은 두레상 위
하루 해 더 길다.

치매

오물냄새 진동하는 방안
가을걷이 다 끝낸
구순의 노친네

어쩌다 정신 들면
살아도 죽은
힘없는 눈동자로
건너다본다.

잡풀 무성한 채마밭 곁
호미 한 자루

살래천

여뀌풀 지천인 강가
등짐 같은 바랑 벗어 놓고
아이처럼 자갈이나 통통 던지다
푸르딩딩 다슬기나 잡아볼까

비명 같은 먼 데 산꿩 소리
왜가리 날갯짓
구름 한 점
나붓거리는 억새와 바람 한 가닥
개울에 제 몸 비춰보며
우우 몰려가고 몰려오니

이 육신 늙어 생이 다한다면
자궁 같이 고요한 저 곳
은비늘 번득이는 피라미로
힘찬 버들치로 다시 살아 봐야겠네.

낮게 흐르다
품을 듯 품을 듯 다 놓아주고

다시 몸 벌려 품어주는
살래천 순한 강물아

어미

손이 닿지 않는 창틀 사이
솜같이 거미 알집이 엉켜 있다.

꼬챙이로 걷어내려니
하루만 더 견디어라
천지사방으로 흩어질 새끼들아
배가 불룩한 어미는 제법 필사적이다.

하루살이 들끓는 마당가나
화단의 백일홍 꽃대 사이
모기떼 이악스런 수풀 놔두고
왜 하필 여기인가
제발 어미 너라도 풀숲으로 도망가
눈빛으로 보낸 전언에도
묵묵부답이다.

간신히 알집을 쓸어 담고
어둠 스미는 마당가 서니
몇 백리길 금강 기슭

스무 살 딸아이
저녁밥이나 먹었는가
안부가 궁금하다.

시집살이

해 저무는 밭고랑 사이
굽은 허리 곧추세워
마음 먼저 달려가는
칠순 며느님

방안 불 밝히고
바람 슬쩍 왔다가는 삽짝께로
가만히 내다볼
백발성성 구순 시모여

물기 마른 다리 관절
바삐 걸어도
청학동 마을 회관 앞
어둑어둑 골목길은
멀기만 하다.

행복

수돗물 꽝꽝 얼어대는 이 저녁
밥상 위에 반찬 가지 수 많단 건
둘러앉을 사람 또한 많은 거지

삶에 내몰리어 거리를 헤매던 이
하나 둘 돌아오니
차가운 댓돌 위 신발 가득하네.

늙은 연애

구불구불 오르막 요양원에
노망난 할매 모셔 놓고
할배와 자전거는
날마다 나들이한다.

지난밤 꿈이 뒤숭숭하였는데
잘 주무셨는가
오늘은 땅이 얼기 전에
김장 배추를 죄다 뽑아 놓았으니
집안 걱정은 마소

볕이 따스운 면회실
더 이상의 변화가 두려운
팔순 부부가
다독다독 익숙한 눈길로 건네는 대화

자전거는 내리막길 내달리고
장갑도 없이
발갛게 물든 할배 손등

수줍은 할매 얼굴

성큼 겨울로 접어든 날씨
간신히 달려 있는
붉은 단풍잎이네.

길

시내로 향하는
마암산 사거리
좌회전 신호 앞

앞뒤 분간 없이
안개 질퍽이던 간밤
또 누가
신차 대령하고
고사를 지냈는지

사금파리 같은 햇살
쨍하게 부려 놓은
보도블록 위

저승길 대신 떠났을
막걸리 빈 병과
북어 두 마리

통증

그저 봄볕이 그리운
지독히 추운 날
쑤셔대는 몸은
예전 것이 아니어서
서글퍼다

언제부터였나
죌수록 더욱
헐거워지는 나사 하나

거센 밤바람
미닫이 창문을 흔들고
웅크린 등짝으로
비집고 오는
갈기를 세운 저것

환장하도록 긴 섣달 밤

해탈

나이를 자꾸 자시다보면
세속을 멀리하고
눈빛이 더 맑아지는 법이다.

요양원 거실 밥상머리 앞
밥술에 육두문자 얹어 자시다
언제 그랬냐는 듯
팔 베고 나란히 오침에 드는
욕쟁이 금향할매, 말 많은 육조할매

저 봄이 오거나 말거나
진달래 붉은색 지거나 말거나
정신 놓지 말라고
마구 섞어놓은 콩만 고르시는
등 굽은 회남할매

간간히 찾아오는 자손 얼굴
가물가물 하여도
약속하지 않아도 돌아오는 집처럼

하얀 기억 찾아오면
한 세상 참 잘 놀았다고
두 손 툭툭 털며
다 비우고 떠난다.

남지 유채 축제

헐렁한 운동복 사내가
아장아장 세 살배기
봄볕에 내놓고
유채꽃 배경삼아 사진을 찍는다.

카메라 앵글 속 꽃밭 너머
우렁우렁 굴삭기 몇 대
저 모래밭을 사수하라
참호를 파고
물오른 수양버들도 제거하라
뿌연 흙바람 사이로
신이 난 4대강 전쟁놀이

자자 이쪽을 봐야지
한 번만 웃어봐
놀란 아이는 뒤뚱뒤뚱 달아나고
부모는 애가 타는데

맞춤한 듯 시린 햇살 아래

황금색 꽃잎 술렁이고
배추흰나비 허둥대는 건
그 일이 결코 끝이 아님을
알기 때문이다.

긴 하루

뙤약볕 아래선
하늘 한 번 올려다볼
시간도 없는데

등줄기 스쳐가는
한 줄기 바람
아픈 다리 편히 뉘고
잠시 쉬었다 가라하네

비탈진 밭 꽉 차도록
저 멀리서
구구구구 산비둘기 소리

4부

우주야 우주야

부부 싸움

비 갠 저녁나절

아침이 오는 소리

검둥이

나를 반기는 것들

단오 무렵

사람 좋은 종태

산비둘기

생각 또 생각

이때쯤이면

어쩌다 쉬는 날

매미 소리

노인 무료 급식소

풀벌레 우는 밤

가로등과 달과 오솔길

우주야 우주야

네 살배기 우주는
어린이집 마치면
포도밭으로 순 지르러간
엄마 오실 때까지
아랫집 용주암이 제 차지다.

용주암 보살 뒤를 따르다
개미집도 들여다보고
나비도 쫓아가고
쫑알쫑알 대다가
스르르 잠이 들면

다블산 소나무 숲
구멍 쪼던 딱따구리
숨죽여 건너다보고

나뭇잎 하나
흔들림 없는
온 우주 고요하다.

부부 싸움

밤을 허옇게 새운 뒤
평소처럼
된장뚝배기 끓어오르고
밥 냄새 퍼지는 아침

사방을 둘러봐도
이 밥상 받을 이
부재중입니다

거센 비바람
죽어라 몰아치고
아귀 맞춰 논 돌쩌귀
주춧돌 박힌 네 귀퉁이
점차 술렁이는데

철없이 달려가는
벽시계 소리
어제도 오늘도 그는
부재중입니다

비 갠 저녁나절

빈 하늘가에 매 한 마리
구름 같이 떠 있고

우르르 몰려나온 오목눈이 떼
뒤뜰이 왁자하다

터질 듯 탱탱한 신록
더 투명해진 오늘

산허리 훑어오는 저
건들바람마저 싱싱한

길고긴 장마
어쩌다 갠 저녁나절

아침이 오는 소리

햇살 미처 돋지 않아도
누가 저리 부산한 아침을
부려 놓았나.

꾸륵꾸륵 울고 나는
산비둘기와
그 틈에
산새들 잠 깨어
깃털 터는 소리

멎은 듯 숨 고르는
풀벌레 울음과
그 잠깐의 고요에도
저것들
밥 해먹여야지
쌀독 여는 소리

바지춤 축축이
이슬 쓸어 오는

아비의 발자국 소리

검둥이

빈 집에 가득
쏟아져 내리는
쨍한 가을볕 따라

어디로 날아가나
나풀나풀 하얀 나비

묶인 목줄 서러운
잎 무성한
자두나무 아래

잊었던 맹수의 거친 목소리
허공에 쏘아 올려보다가

빈 밥그릇
이리저리 굴리는
무료한 한낮

나를 반기는 것들

남편이 얻어온
꽁지 빠지고 비실한
닭 몇 마리

토실하게 살 올라
햇살 차면 제 방식대로
이른 잠 깨우네.

채마밭 가는
내 발소리에 이미
분주해지는 닭장 안

아이들 다 떠난
휑한 집안
꽉 차네.
온통 환호성이네.

단오 무렵

당긴 만큼 튕겨져 나가는
활시위처럼
화난 내 음성 뒤로
바로 응수하는 남편의 일갈

종일 나무와 씨름하니
잠시 쉬는 곳도
싸우는 곳도
항상 나무 밑인데

일손 거들어주던 큰언니
"제발 배나무 아래선
싸우지 말거래이
나무들 다 듣고 있으니
올 농사 망칠라."

해가 더욱 길어지고
농사일 힘에 부치면
짜증으로 귀를 닫고

입으로 힘이 오르는
단오 무렵 이야기다.

사람 좋은 종태

고물장수 종태가
한 눈에 들어오는 건
고물 싣는 경운기에
늘 태극기 꽂고
다니기 때문이지요.
작달막한 키
가무잡잡한 얼굴
평범한 오십 줄의 사내

사람 좋아 누구나 친구입니다.
꼬맹이들 이름을 막 불러도
그냥 히히 웃고 말지요.

젖먹이 두고
도망간 마누라 대신
고물 주우며 보듬은 딸
한 가닥 희망이라며

아침 햇살에 깨어나는

삼문동 사거리
태극기 펄럭이면 장땡이라는
사람 좋은 종태는
경운기 털털대며
고물을 모읍니다.

산비둘기

산비둘기 나는
윤삼월 숲은
깨어나는 연초록

창창 맑던 하늘
그늘 드리워
빗방울만 스쳐도
송홧가루 흩날리고

샛노란 연무 속
좋아서
좋아서
떠도는 점 하나

생각 또 생각

밤이 길다는 것은
쉬이 잠이 오지 않기 때문이다.

백까지 세다가 문득
낮에 매다만 채마밭에
파를 심을까
열무를 심을까
상추밭에는 물을 더 주어야지

내일은 친구네 포도밭으로
품앗이나 가보나 어쩌나
밤이 이슥하도록 오지 않는 남편은
어느 주막을 전전하는가.

생각의 꼬리를 잘라도
쉬이 잠이 오지 않는 건
밤이 길기 때문이다.

이때쯤이면

종일 새소리에 묻혀 있던
초록 배밭도
지친 하루 일 끝나고
어둑어둑해 오면

이 산 저 산 화답하던
산비둘기 소리 끊어지고
새끼들 불러 모으는
까투리와 오목눈이들
어디론가 떠난 뒤

딱따구리 나무 쪼는 소리만
간간히 들려오는
아무도 없는
배밭 끝 어딘가에서

어머닌 날 부르시겠지요
"애야 그만 놀고
어서 오니라.

저녁밥 먹어야지"

꼭 이때쯤이면.

어쩌다 쉬는 날

푹신한 등받이 의자에
나란히 앉아
차를 나눠 마시던 친구가
태아 같은 자세로 낮잠을 잔다.

지인의 환한 시집을 무릎에 놓고
안경 너머로 바라본
혼곤한 그녀 얼굴
신음 같은 숨소리마저 달다.

나와 닿아 있는 그녀의 발끝
시 한 편 채 읽기도 전에
발끝이 저려오지만
고운 꿈길 흐트러질까
움직이지 못했다.

매미 소리

밤나무가 운다.
아니다.
푸른 숲이 운다.

칠월 땡볕에 조는
한갓진 다블산 자락
통째 자지러진다.

그러고서 곤한 낮잠
꿈속까지 쫓아 온다.

고막을 찢어대는
그 울림으로 하여
여름이 왔다.

노인 무료 급식소

삼문동 보건소 지하
예순, 일흔, 여든의
어린이들이
강사의 구령에 맞춰
노래와 율동을
풀어 놓으시면

불쏘시개 같은
노래 한 자락
주방으로 건너와
밥이 끓어오르고
웃음소리 따라와
찌개를 끓인다.

고만고만한 뒷모습의
허연 머리칼들이
옛날에 떠나보냈던
코흘리개 일학년 삼반
아이들 불러와

창밖 화단에
맨드라미, 샐비어 곱던
추억 속
교실 하나 세우고 있다.

풀벌레 우는 밤

강아지 졸랑대는
달빛 훤한 마당가

이슬마저 무거워
한껏 처진
나뭇잎 아래

풀벌레 소리 처량히
선잠 깨우는데

서산에 달 지도록
마실 간 사람
기척이 없네.

가로등과 달과 오솔길

앞산 능선으로
둥실 솟아 오른
보름 달
가로등 타고 앉았네.

숨을 헐떡이며
누렁이 지나가고
잰 걸음으로
청설모 지나가고

숲으로 이어지는
한적한 오솔길
끊어질 듯
소쩍새 소리

달인지 가로등인지
시린 빛
와자하게 꼬여드는
하루살이 떼

발문

배꽃으로 피워 올린 시정詩情

이응인(시인)

 어둠이 다볼산을 타고 내려도 배밭은 환했다. 산자락 가득 배꽃이 피는 밤, 밀양문학회 몇몇 회원들이 모였다. 먹고, 떠들고, 마시고, 노래했다. 하지만 아무도 시를 읊지 않았다. 그날 밤 배꽃은 어둠의 속살을 환히 열어 이윽하게 향기를 피우고, 다들 그 꽃향기에 취해 버렸으니, 그 자체로 시가 되고도 남았다. 우리를 불러 모은 배밭 주인 임미란 시인, 그를 만난 지도 십 년이 넘었다. 그는 밀양 시내가 빤히 내려다보이는 산 속에서 아이들을 키우고, 배농사를 짓고, 이웃 포도밭에 품앗이를 가고, 시를 쓰며 산다. 배 한 쪽이 입 안 가득 달큰하게 배어나듯 그의 삶이 배어나는 시가 한 권의 시집으로 묶여 나오기를 오래 기다렸다. 하지만 그는 수줍고 겸손한 마음에 내 기다림만큼 머뭇거리다 이제야 첫 시집을 세상에 내보낸다고 하니 그저 반가운 마음에 입을 다

물지 못하겠다.

    그의 시는 농사꾼으로 살아가는 그의 땀내와 직접 기르고 매만진 나물 향과 이웃에 대한 따뜻한 눈길과 반가움으로 가득 차 있다.

1. 자연이 품어 안은 아름다운 삶터

    나무들이 윙윙 소리를 내기에
    아무도 오지 않을 성 싶지만
    키대로 자라 마른 풀 사이로
    지난여름 새끼였을
    노루가 슬쩍 놀다 가면
    장작 연기 매캐한
    난로 앞에 앉아 더 매서운
    산속 바람 소릴 듣는다.

    사나흘 꼬박 앓고 보니
    사는 것이 만만치 않아
    꼭꼭 채비 해 두었던
    속이 더 붉은
    늙은 호박 한 덩이 안고 와
    무얼 해먹을까 궁리를 하는데

검둥이도 숨어버린 마당엔

눈발 섞인 바람만 법석이니

결국 우체부도 쉬는가 보다.

─「외딴집」전문

그는 산속 외딴집에 산다. 겨울이라 사방에서 바람 소리만 윙윙대는 곳이다. 게다가 '사나흘 꼬박 앓고' 나니 사람이 그립고 바깥세상이 그립다. 온종일 기다려도 사람 그림자는 흔적도 없고, '키대로 자란 마른 풀 사이로' '노루가 슬쩍 놀다' 갈 뿐, '산속 바람'만 더욱 매섭다. 이러니 몸만 아픈 게 아니다. 바람 소리가 더 차고 매섭게 느껴진다. 그렇다고 그는 다시 이불 속으로 파고들지는 않는다. '속이 더 붉은 / 늙은 호박 한 덩이 안고 와 / 무얼 해먹을까 궁리를' 한다. 자기 속으로 옹크리며 움츠러드는 게 아니라 아픈 몸으로 일상을 일으켜 세운다. 그만큼 그는 태생적으로 건강하다. 그래도 눈길은 자꾸만 밖으로 향한다. '검둥이도 숨어버린 마당엔 / 눈발 섞인 바람만 법석이니 / 결국 우체부도 쉬는가 보다.' 인적이 끊어진 시골에서 신문과 편지를 가져오는 우편배달부의 오토바이 소리는 바깥세상의 소식을 가져오는 유일한 통로이다. 그런데 '눈발 섞인 바람만' 난리를 치는 걸 보니 오늘은 '결국 우체부도 쉬는가 보다'. 마지막 행에서 기다림의 끝에 젖어드는 외로움을 한껏 느끼게 만든다.

밤이면 외로움은 소리로 다가온다. 검둥이와 누렁이가 환장한 듯 짖어대면 멧돼지가 내려왔다는 신호다. 밤이면 어미 멧돼지가 주린 배를 안고 찾아와 배나무 가지를 부러뜨리고 배봉지를 찢어 놓는다('도둑의 눈'). 처량히 우는 풀벌레 소리 선잠을 깨워 돌아보면 '서산에 달 지도록 / 마실 간 사람 / 기척이 없'다('풀벌레 우는 밤'). 산속의 밤이 이처럼 그를 잠들지 못하게 한다. 하지만 산속에서 밤만 있으랴.

'햇살 미처 돋지 않아도' 부산하게 아침을 알려 주는 이들이 있다.

꾸륵꾸륵 울고 나는
산비둘기와
그 틈에
산새들 잠 깨어
깃털 터는 소리
— 「아침이 오는 소리」 2연

미리 아침을 알려 준다. 풀벌레들은 밤새 울었으리라.

멎은 듯 숨 고르는
풀벌레 울음과
그 잠깐의 고요에도

잠시 멎은 듯한 풀벌레 울음, 시인은 그게 잠깐 숨 고르는 동작임을 알고 있다. 오랜 시간 풀벌레와 함께하면서 체득한 것이리라. '멎은 듯 숨 고르는' '그 잠깐의 고요'. 그 고요의 자리에 시인은 삶을 채워 넣어 소리를 낸다.

저것들
밥 해먹여야지
쌀독 여는 소리

여기서 '저것들'은 시인의 자식들, 가족들을 넘어서는 울림을 준다. 밤새 울었을 풀벌레와 깃털을 터는 산새도 그 안에 들어갈 것이다. 그 순간, '쌀독 여는 소리'도 자연의 소리가 되고 만다. 거기서 이어져

바지춤 축축이
이슬 쓸어 오는
아비의 발자국 소리

하루가 시작된다. 시인은 '발자국 소리'만으로도 '바지춤 축축이 / 이슬 쓸어오는' 모습을 생생히 떠올릴 수 있다. 어둠에서부터 산새들 깃 터는 소리, 풀벌레 울음 들리고, 자연스레 쌀독 여는 소리와 발자국 소리로 이어진다. 자연과 인간이, 생명

가진 것들이 이처럼 자연스레 하나의 끈으로 연결되는 섬세한 감각이 살아 있다. 이처럼 그의 산속 생활은 이슬과 풀벌레까지 포함하는 온 생명과 숨결을 함께 나누며 시작된다.

2. 힘겨운 농사일, 사람은 그립고

제초제 한 번 살포에
오 년 동안 땅이 죽는다며
남편은 매일 힘들게 풀을 베며
친환경 농사를 고집하지만
남들은 게으르다 손가락질이다.

잡초만 수북하니
메뚜기 떼거리로 몰려다니고
어둠 속 반딧불이도
제 세상인 듯 떠다니는데

개밥을 주거나
잘 여문 밤을 줍거나
한참 배를 수확할 때
노루며 꿩, 토끼 같은 작자들
때때로 마주쳐도

웃자란 풀 속으로
슬쩍 엎드리면 그만이니

게으른 사람들이라
만사에 눈감아 줬더니
풀이며 짐승과
하찮은 미물들까지
지들이 주인인 줄 안다.
— 「이화농원」 전문

'친환경 농사'란 구절을 읽는 순간, '참 힘들게 농사짓는구나!' 하는 말이 저절로 튀어나온다. 소비자 입장에서야 '친환경 농사'를 좀 나은 먹거리, 좀 비싼 먹거리 정도로 인식할지 모르지만, 농사꾼에게는 전혀 다르다. 친환경 농사 좋은 줄 알지만 왜 안 짓겠나? 관행농법과 비교하면 첫째, 힘들다. 다음, 고생에 비해 큰돈 안 된다. 그러니 소위 말해 철학이 없으면 친환경 농사 못 짓는다. 그러나 그는 이미 '잡초만 수북하니 / 메뚜기 떼거리로 몰려다니'는 그 속으로 들어가 살고 있다. 거기서 '노루며 꿩, 토끼 같은 작자들' 만나고 '하찮은 미물들'과 함께 '주인'이 되어 살아간다.

'뙤약볕 아래선 / 하늘 한 번 올려다볼 / 시간도 없'이 일해야 하고('긴 하루'), '해가 더욱 길어지고 / 농사일 힘에 부치면 / 짜증으로 귀를 닫고 / 입으로 힘이' 올라 사소한 말 한 마디에 남편과 다투기도 한다('단오 무렵'). 밤에 잠이 오지 않으면 '파를 심을까 / 열무를 심을까', '내일은 친구네 포도밭으로 / 품앗이나 가보나 어쩌나' 온갖 생각에 휩싸이기도 한다('생각 또 생각'). 피땀으로 키운 농산물 가격 폭락하면 '이래서는 밥술이나 먹겠냐며 / 과수원 나무보다 더 많은 / 별보다 더 많은 / 사람 속에 묻혀 살자 하다가도 // 신나게 꽃 피고 / 신나게 열매 맺으면 / 올 한 해 또 세월에 속아 / 소매 걷어 올리는 / 어쩔 수 없는 농사꾼'으로 돌아간다('농사꾼이란'). 그는 이미 땅과 함께 땀 흘리고 웃고 울고, 땅을 천직으로 삼아 살고 있다.

농사꾼에게 어찌 힘든 일만 있겠는가? 비오는 날은 반가운 날이다. 밭일 집안일, 온갖 걱정 다 제쳐 놓고 보고 싶은 이웃과 마주할 수 있기 때문이다.

> 빗방울 떨어지자
> 소주 한 잔에 매운 부침개 생각난다며
> 밭일 접어놓고 이웃 친구 찾아옵니다.
> 실한 자두 한 소쿠리 따다 놓고
> 휭 하니 매운 청양고추 따러 갔더니
> 지줏대를 못 세운 고추 모종
> 제각기 땅을 차지하고 누웠는데
> 이 빗속에 어쩌랴 돌아서니
> 갓 옮겨 심은 고구마 순
> 흙탕물 튕겨도 좋아라 우쭐거립니다.

이런 날은

부침개가 맵지 않으면 어떻습니까.

―「비 오는 날」 전문

'소주 한 잔에 매운 부침개 생각난다며' 이웃 친구가 찾아왔다. 기쁜 마음에 '실한 자두 한 소쿠리 따다 놓고' '매운 청양고추 따러' 달려간다. '지줏대를 못 세운 고추 모종'은 땅에 드러누웠고, '갓 옮겨 심은 고구마 순'은 비가 오니 좋아서 우쭐댄다. 고추 모종도 고구마 순도, 주인도, 찾아온 이웃 친구도 모두 모두 좋아서 어쩔 줄 모른다. 이 시는 빗방울 속을 뛰는 주인과 우쭐대는 고구마 순을 통해 '비 오는 날' 이웃과 만나는 즐거움도 함께 살아 퍼덕인다. 가뭄에 단비 같은 날이다.

3. 제 손으로 주무르는 맛

임미란 시인의 시에는 누군가 찾아올 이를 기다리고, 그들과 함께 제 손으로 기른 채소와 과일을 나누고 싶은 마음이 가득하다. 그러니 음식을 만드는 과정은 기쁨의 연속이다. 그런데 그에게는 별로 특별할 것도 없는, 일상의 음식들이다.

시래기 한줄 푹 삶아

된장에 조물조물 무쳐

멸치 집어넣고 끓이는 찌개
벌써 회가 동하는지
강아진 마당에서 껑충 뛰고
나는 현관문으로 마구 몰려온
어둠까지 반가워
— 「부자로 사는 법」 2연

  시래기 한 줄로 풍족해하며, 이웃들과 벗하여 살아가는 삶의 태도가 눈에 선한 시이다. '현관문으로 마구 몰려온 / 어둠까지 반가워'하는 얼굴빛과 표정까지 생생히 떠올리기 하는 시이다. 그의 시에서 기다림은 이처럼 음식을 마련하는 과정과 연결되어 있다. 봄을 기다리는 마음을 노래한 시에서는 '이 저녁 / 식탁에 둘러앉을 / 눈빛 정겨운 이들을 위하여 / 바삐 나물을 무쳐내고 / 밥물을 잦히며 / 내 오랜 기다림에 / 종지부를 찍고 싶으니'('봄')라고 노래하고 있다. 그의 기다림에는 군에 간 아들을 맞이하는 어머니의 마음 같은 게 느껴진다. '바삐 나물을 무쳐내고' 상을 차려 '오랜 기다림에 / 종지부를 찍고' 싶어한다. 기다림에 무슨 종지부가 있으랴마는 그 절절함이 그렇게 나타났다.

장끼가 짝을 부르고
수노루 실컷 우는
이런 낮이면

'분 바른 듯' '하얀 배꽃'이 필 차례가 되었다. 이런 날에는 '손님 오시게 / 묵혀둔 술독 열어 / 진달래 화양전이나 / 향 짙은 두릅전이라도 / 지질까요.'('손님맞이')에서 보듯 그의 손님맞이는 제 손으로 직접 만든 음식과 자연스레 연결되고 있다. 그가 얼마나 사람을 그리워하고 사람에게 정성을 다하는지 별다른 설명 없이 느끼게 한다.

4. 무너지는 농촌, 내몰린 노인들

그가 사는 산 아래 마을에 예림서원이 있다. 조선조 성리학의 주춧돌을 놓았다는 점필재 김종직을 기리기 위해 세운 서원이다. 예림서원 아래로 펼쳐진 마을은 포도밭이다. 요 몇 년 사이 마을은 사라지고, 서원 코 밑에까지 공단이 밀고 올라왔다. 몇 년 만에 찾아오는 이들은 길을 잃게 만드는, 요즘 농촌에서 흔히 볼 수 있는 풍경이다.

봄도 먼저 들던
종남산 아래 첫 동네
산짐승도 서로 정답더니
진달래 더욱 붉어지던 즈음
30여 만 평 드넓은

사포공단 부지 조성에
돌아오지 못할 고향과
두둑한 보상비를
맞바꾸고 다들 떠난 자리

끝내 타협 못해 홧김에 방목시킨
동주아재네 돼지 백여 마리
갈보년처럼 엉덩이 흔들며
아수라장 된 집터 뒤지는데
―「어떤 표지석」 2~3연

  중소도시 지자체들은 공장 유치에 혈안이 되어 있다. 원주민들의 삶은 아랑곳없다. 포도 농사를 짓다 보상금을 받고 떠난 이들은 떠돌이가 되었다. 끝내 제 고향을 버릴 수 없는 이들은 '동주아재네'처럼 홧김에 돼지를 풀어 놓기도 한다. 가만히 살펴보면 요즘 가장 쉽게 버림받는 땅은 농토이고, 농토와 함께 농사꾼은 사라지고 있다. 농사지을 땅을 잃은 노인들의 삶 또한 버림받는다. 그는 이런 노인들의 삶을 그냥 지나치지 못한다.
  하루는 폐지를 줍는 노인이 산속까지 찾아왔다.

차려 놓은 밥상에
한 술 뜨자니

중풍으로 쇠하는

할멈 끼니 걱정

마다하시네.

―「노인」 2연

  노인은 '한 끼 밥도 못될 / 신문 한 뭉치' 싣고 떠났다. 시인은 노인에게서 쉬이 눈길을 떼지 못한다. 마을을 향해 '열기로 달아오른 / 골목길' 달려가는 '자전거 페달 소리'를 듣고 서 있다. 칠순의 며느리가 '백발성성 구순 시모'('시집살이')를 여지껏 모시고 살아가는 곳이 농촌이다. '구불구불 오르막 요양원에 / 노망 난 할매 모셔 놓고 / 할배와 자전거는 / 날마다 나들이한다.'('늙은 연애') 그의 눈길은 이런 노인들의 삶에서 그치는 게 아니다. 세상의 변두리로 밀려난 이들에게서 좀체 눈을 떼지 못한다. 오일장에서 만난 '낯빛 검은 장돌뱅이 아저씨'('간고등어')이건, '경운기 털털대며 / 고물을 모'으는 고물장수 종태('사람 좋은 종태')건 말이다.

  임미란의 시가 이처럼 따뜻하게 와 닿는 까닭은 무엇일까?

  생에 대한 그의 태도는 '낮게 흐르다 / 품을 듯 품을 듯 다 놓아주고 / 다시 몸 벌려 품어 주는 / 살래천 순한 강물'('살래천') 같이 느껴진다. 한 마디로 말하면 모성이다. 껴안되 놓아 주고, 품되 소유하지 않는 너그러운 모성이 이 시집의 바닥에 흐르고 있음을 느낀다. 혼자 소유하지 않고 잡초와 산짐승과 새들과 함께 나누는 삶이니 어찌 행복하지 않으랴.

수돗물 꽝꽝 얼어대는 이 저녁
밥상 위에 반찬 가지 수 많단 건
둘러앉을 사람 또한 많은 거지

삶에 내몰리어 거리를 헤매던 이
하나 둘 돌아오니
차가운 댓돌 위 신발 가득하네.
―「행복」 전문

그의 삶과 마찬가지로 그의 시도 또한 눈 맑은 독자들과 만나 행복해지기를 빈다.

시인의 말

눈이 천지를 뒤덮은 아침
아궁이 앞에서
타닥타닥 장작 타는 소리 듣는다.
참 고요하다.
온기가 손끝에서 심장으로 전해진다.
자꾸 기분이 좋다.
옆자리에 슬그머니 누렁이가 와서 앉는다.
동무같이 나란히 불을 쬔다.
따뜻함까지 나누어서 더 좋은
닫힌 듯 열린
외딴집엔
굴뚝에 연기 치솟고
함박눈 포근히 내린다.